Tú eres la oportunidad que estabas esperando

La FILOSOFÍA del ÉXITO

en

21

PRINCIPIOS ETERNOS

Tú eres la oportunidad que estabas esperando

La **FILOSOFÍA** *del*

ÉXITO

en

21

PRINCIPIOS ETERNOS

de

LUIS E. ROMERO

Primera edición: Octubre de 2014.
Modificaciones menores y rediseño de portada:
Septiembre de 2016.
Modificaciones menores: Junio de 2020.

Publicado por
Luis Romero International LLC, Miami, Florida.
Visite la página web del autor en
esp.LERomero.com.

ISBN: 978-0-9908959-1-6 (Cobertura)
ISBN: 978-0-9886926-8-8 (Bolsillo)
ISBN: 978-0-9886926-9-5 (Libro electrónico)

Impreso en los Estados Unidos de América

Este libro está dedicado a todos los que se esfuerzan por convertirse en la mejor versión de sí mismos. A todos los que tienen hambre de éxito y lo buscan con ética y disfrute. A todos los que están dispuestos a mejorarse a sí mismos con el fin de mejorar el mundo. A todos los que me han mostrado lo anterior de tantas maneras diferentes.

Índice

Índice (Cont.)

Introducción

El propósito de este libro es servir de manual, sencillo pero esclarecedor, para todos los que buscan el éxito. Los 21 principios presentados aquí son pautas francas y trascendentes que te ayudarán a alcanzar tu visión.

La propuesta

Ya sea que te ganes la vida como empresario, ejecutivo, emprendedor o profesional independiente, lo más probable es que estés muy ocupado con la estrategia, organización, mercadeando y venta de tus productos y servicios. De hecho, es posible que estés tan ocupado con el trabajo y la vida en general, que no tengas tiempo para reevaluar, replantear y aprender de tus propias experiencias. Es posible, también, que estés en busca de un marco de referencia manejable y efectivo que te ayude a desempaquetar, digerir y organizar las lecciones ocultas en tu vida diaria.

Este texto fue escrito para convertirse en ese marco de referencia que estás buscando. Desde asuntos tan íntimos como el autoconocimiento y el crecimiento personal hasta consideraciones sociales imperativas como la democracia y la economía de libre mercado, este manuscrito presenta 21 principios eternos que hacen del éxito una aspiración alcanzable para todos. Estos principios se presentan de forma práctica para que puedas aplicarlos inmediatamente en tu vida. Al mismo tiempo, fueron concebidos con profundidad y perspicacia para proporcionarte sabiduría e inspiración.

La fuente

Para arribar a los principios presentados aquí, estudié la vida de figuras históricas que han sido exitosas a gran escala en los negocios, la política y la ciencia. En particular, examiné cómo sus virtudes y defectos informaron sus decisiones. Igualmente, analicé cómo sus logros y fracasos definieron sus legados. Las conclusiones fueron muy esclarecedoras y cruzan los 21 principios.

Entre los íconos investigados estuvieron Henry Ford, por su determinación y espíritu innovador; Walt Disney, por su perseverancia e imaginación; y Steve Jobs, por su pensamiento visionario e innovador. Además, Martin Luther King, Jr., Madre Teresa y Nelson Mandela, por su humildad, coraje y sacrificio personal. Por último, pero no menos importante, Leonardo da Vinci, por su curiosidad y genio; Charles Darwin, por su inquisitiva observación del mundo natural; y Albert Einstein, por su enfoque revolucionario de la física. Las vidas de estas y muchas otras figuras históricas ayudaron a dar forma a los 21 principios eternos del éxito.

La entrega

A fin de entregar un manuscrito con el mayor impacto posible, los íconos mencionados anteriormente no están individualmente vinculados con ninguno de los 21 principios a lo largo del texto. Sin embargo, sus enseñanzas agregadas abarcan todo el libro. Las referencias individuales serían un ejercicio académico que disminuiría la claridad y fuerza de cada principio. Habiendo revelado esta decisión editorial, comencemos.

1

Tú eres la oportunidad que estabas esperando

Originalmente, la palabra oportunidad se refería a lo que hay dentro de un individuo, no fuera.

La definición moderna de la palabra "oportunidad" es considerablemente diferente a su origen etimológico. La misma carece de la profundidad existencial y el poder transformador de su versión original.

Actualmente, usamos la palabra "oportunidad" para referirnos a circunstancias externas que son favorables para nosotros. Según el Diccionario de la Real Academia Española, "oportunidad" tiene las siguientes dos definiciones: "1) Sazón, coyuntura, conveniencia de tiempo y de lugar; y 2) Sección de un comercio en la que se ofrecen artículos a un precio más bajo del que normalmente tienen". Estas definiciones establecen el uso actual de este término en las esferas coloquial, literaria y de negocios.

Sin embargo, la connotación inicial de esta palabra se refería a la relación que existe entre una persona y sus circunstancias; y a cómo la persona era capaz de usarlas para alcanzar su visión. La palabra "oportunidad" proviene del término en latín *opportunitas*[1], que a su vez está compuesto por otros dos vocablos: *ob*, que significa "hacia", y *portus*, que significa "puerto". Este término nació en el mundo de la navegación, en el que los marineros usaban la frase *ob portus* para denotar la mejor combinación de viento, corriente y marea para avanzar hacia el puerto. Sin embargo, la única forma de aprovechar las condiciones del tiempo era si el capitán del buque ya había avistado el puerto de llegada. Conocer las variables meteorológicas sin conocer la próxima parada era inútil. Por lo tanto, un barco se encontraba en estado de opportunitas cuando su capitán ya había decidido adónde ir y sabía cómo llegar. Más tarde, sin embargo, la palabra evolucionó (o involucionó) en una dirección diferente, para denotar únicamente condiciones externas mientras excluía al individuo que las podría aprovechar.

Si rescatamos el significado original de la palabra "oportunidad", nos daremos cuenta de que nosotros somos su mejor definición. Nos transformamos en nuestra mejor oportunidad cuando decidimos quiénes queremos ser y qué queremos lograr[2]. Esta es la filosofía que impregna cada capítulo de este libro. Así es cómo podemos asumir total responsabilidad de nuestras acciones y empezar a construir el futuro que queremos.

2

El éxito es más que una lista de victorias

El éxito es una forma de aprender tanto de las victorias como de las derrotas, de modo que sea inevitable avanzar.

El éxito es una aspiración natural del ser humano. En la sociedad competitiva de hoy, lo es aún más. A tal fin, nos esforzamos por conseguir victorias y evitar derrotas. Sin embargo, tarde o temprano, todos aprendemos que estas últimas son inevitable. Por lo tanto, toda historia de éxito incluye errores, fallas y resultados indeseados a lo largo del camino.

La pregunta es, entonces, *¿cómo incorporamos las derrotas en el éxito?* Pues, lo hacemos cuando aprendemos de ellas. El éxito depende de nuestra capacidad de aprender tanto de las victorias como de las derrotas de manera que sea inevitable avanzar.

De hecho, experimentar la derrota temprano en la vida podría considerarse un privilegio. Aquellos que no lo hacen, suelen crecer creyendo, falsamente, que son infalibles. Cuando ocurre lo inevitable, es decir, la derrota, se les dificulta mucho manejarla. Muchos, en esta posición, recurren al engaño, la traición y toda clase de acciones malintencionadas para ocultarla. Al caer en ello, destruyen equipos y dañan relaciones de maneras que los hacen fracasar más allá de sus peores miedos.

Sin embargo, cuando vemos en las derrotas oportunidades para mejorar, las mismas asumen el mismo valor que las victorias, ya que ambas nos apoyan en nuestro desarrollo continuo. Las victorias nos muestran aquello digno de repetirse y las derrotas aquello digno de evitarse. Necesitamos ambos tipos de lecciones para seguir avanzando en la consecución de nuestra visión.

Finalmente, a medida que nos labramos nuestro camino en busca de nuestra visión, debemos aprender a disfrutar de nuestros triunfos sin dormirnos en los laureles, y admitir nuestras caídas sin dejar que nos desmoralicen. El éxito es el arte y la ciencia de avanzar sin importar las circunstancias. Es la capacidad de permanecer enfocados independientemente de lo alegre o triste que nos sintamos. El éxito es un síntoma de nuestro carácter.

3

La humildad es la mayor de las virtudes

La humildad es el antídoto contra la soberbia y la vergüenza.

Si experimentamos la victoria con soberbia, entonces somos igualmente propensos a experimentar la derrota con vergüenza. Esto se debe a que, en ambos casos, estamos experimentando nuestras vidas principalmente a través de nuestros egos, lo que significa que nuestro miedo a la opinión de los demás es la fuerza principal dirigiendo nuestras acciones.

La soberbia es el resultado de temer que otros no nos vean en nuestras victorias. La vergüenza, por otro lado, es el resultado de temer que otros sí nos vean en nuestras derrotas. En ambos casos, nuestros egos se han apoderado de nosotros y nos sentimos inquietos. Cuando caemos en esta dinámica, generalmente perdemos gran parte de nuestra energía y tiempo en tratar de controlar la percepción que los demás tienen de nosotros, restándole así dedicación a la búsqueda de nuestra propia visión.

Si deseamos librarnos de la soberbia y la vergüenza,

debemos recorrer el camino de la humildad, desprovistos de nuestros egos lo más posible. Así, el miedo a la opinión de los demás ya no regirá nuestras motivaciones. Ni la victoria ni la derrota nos llevarán a preocuparnos por lo que otros dicen o piensan de nosotros. Tanto la victoria como la derrota serán igualmente valiosas para que nos convirtamos en las personas que queremos ser. Ambas nos enseñarán lo que necesitamos saber sobre nosotros mismos y las personas que nos rodean para que podamos continuar trabajando por nuestros sueños y tener éxito. Por ello, la humildad es la mayor de las virtudes[3].

4

La perfección es inevitable; aprender de ella es una opción

La perfección es una ola que se puede surfear, no una forma de surfear la ola.

La perfección es lo que sucede según las leyes del mundo natural; especialmente, la ley de causa y efecto. Por lo tanto, todo lo que ocurre en cualquier lugar del universo es perfecto por diseño. En este sentido, tanto nuestras victorias como nuestras derrotas son perfectas, ya que no podrían haber ocurrido de ninguna otra forma dadas nuestras acciones. Sólo la humildad nos permite desentrañar esta noción de perfección. Sólo así se hace posible el aprendizaje.

Sin embargo, la noción más común de perfección es muy diferente a la anterior. La gente tiende a creer que la perfección es el desenvolvimiento de la realidad según sus deseos. Esta es una visión catastrófica ya que no es cierta. La realidad es el resultado de nuestras acciones, no de nuestros deseos. Por lo tanto, la gente tiende a experimentar frustración, tristeza y terquedad cuando debería experimentar aceptación, reevaluación y aprendizaje.

Si queremos cambiar nuestra realidad, sería tonto tratar de alterar la ley de causa y efecto por ser esto imposible. Dicha ley es inmutable y, por esta razón, es la única referencia válida para el aprendizaje. Si queremos modificar nuestra realidad, en lugar de tratar de cambiar la ley de causa y efecto, lo sabio es aprender a causar los efectos que deseamos. Esto requiere humildad, paciencia y determinación. Este es el camino hacia el éxito.

Por supuesto que la ley de causa y efecto se manifiesta de diferentes maneras dependiendo de qué aspecto de la realidad consideremos. Si dejamos caer una moneda, esta caerá al suelo (gravedad). Del mismo modo, si restringimos la oferta de un producto y mantenemos su demanda constante, su precio subirá (oferta y demanda). En cualquier caso, ya se trate de física, economía o cualquier otro ámbito de la vida, la ley de causa y efecto siempre aplica. La perfección es inevitable; aprender de ella es una opción.

5

La prudencia es el producto de la valentía

El miedo es inevitable, la rabia es necesaria, la valentía es opcional y la prudencia es maestría.

Sentirse aparentemente valiente sin haber sentido miedo con anterioridad es cosa de temerarios y bravucones; pura idiotez. La verdadera valentía es el resultado de haber experimentado el miedo y, luego, superarlo gracias a un fortalecimiento interno que se traduzca en mayor determinación y entendimiento. La valentía verdadera es hija del miedo. Sin embargo, la transición de la una a la otra es ardua.

La herramienta más primaria para combatir el miedo es la ira. Sin embargo, el único objetivo legítimo de esta es la autodefensa mediante la inhabilitación del enemigo. Por esta razón, si no es modificada, la ira crecerá hasta convertirse en una fuerza incontrolable de destrucción. Es por ello que debemos usar nuestro criterio para transformar la ira en una fuerza creativa sostenible. Así es como le damos nacimiento a la valentía, es decir, la capacidad de enfrentar nuestros miedos para proteger nuestra dignidad, hacer valer nuestros derechos y construir la vida que queremos, sin destruir todo a nuestro paso.

Cuando prevalece el miedo, este se transforma en pánico y luego en terror, dejándonos paralizados o actuando con desesperación. Cuando prevalece la ira, esta se transforma en resentimiento y luego en odio, convirtiéndonos en destructores de nuestro entorno y de nosotros mismos. Sin embargo, cuando prevalece la valentía, esta se transforma en el combustible de acciones enfocadas en construir una realidad basada en el respeto a nosotros mismos. Más importante aún, cuando predomina la valentía, el miedo inicial que desencadenó el proceso se transforma en prudencia, es decir, la capacidad de esperar el momento más oportuno para actuar, no producto del miedo, sino de la estrategia. Por ello, la prudencia es una de nuestras virtudes más útiles[4].

6

Las debilidades son bendiciones escondidas

Las debilidades son las semillas de las más ponderosas fortalezas. Las fortalezas no controladas, sin embargo, siempre se convierten en debilidades.

Todos tenemos una combinación particular de fortalezas y debilidades que nos facilita algunas tareas y nos dificulta otras. Esta combinación, independientemente de cuán balanceada, revela una verdad innegable: nadie es infalible. Incluso cuando utilizamos nuestras mayores fortalezas, nuestras debilidades siguen presentes, influyendo así en nuestras acciones de maneras desconocidas. Esto introduce un nivel de impredecibilidad en nuestro actuar que sólo puede ser mitigado con una práctica disciplinada del autoconocimiento y el crecimiento personal.

No obstante, aunque las debilidades pueden parecer indeseables a primera vista, son, de hecho, una bendición. Mientras nuestras fortalezas están inmediatamente disponibles para ayudarnos a alcanzar nuestros objetivos, nuestras debilidades exigen que desarrollemos humildad para aceptarlas y valentía para superarlas. Curiosamente, la humildad y la valentía son dos de las mayores fortalezas del ser humano. Así, necesitamos nuestras debilidades para explorar y conquistar toda la extensión de nuestra grandeza humana.

Sin embargo, muchas personas tratan de esconden sus debilidades y se engañan a sí mismas haciéndose creer que son infalibles. Esta suele ser la ruta de aquellos que han sido profundamente heridos en el pasado. Es decir, aquellos cuyas debilidades han sido abusadas por otros. Las personas con un historial de abuso suelen soñar con ser infalibles para no tener que depender de nadie. En el intento de hacer realidad esta quimera, suelen exagerar en el uso de sus fortalezas para autoconvencerse de una supuesta invencibilidad. Esto puede funcionarles como un espejismo temporal, pero, conforme pasa el tiempo, sus debilidades, aún desatendidas, se acumulan, se deterioran y empiezan a sabotear sus fortalezas. Esto hace que el individuo sea cada vez más incompetente, falible y, lo que es peor, termine siendo obsoleto, logrando así todo lo contrario de lo que soñaba.

En consecuencia, si deseamos transitar el camino del éxito, debemos reconocer nuestras fortalezas al igual que nuestras debilidades. De hecho, en el largo plazo, estas últimas serán más útiles que las primeras, ya que la humildad y la valentía sólo florecen en el terreno de las debilidades.

7

Ser único es una conquista interior

Ser único es el resultado de ser uno mismo, no de tratar de ser diferente.

Para ser exitosos en una sociedad tan diversa como la de hoy, se nos dice que encontremos lo que nos hace diferentes para poder sobresalir y sorprender. "No seas como los demás" a menudo escuchamos de boca de conferencistas motivacionales y celebridades. La verdad, sin embargo, es que el éxito no es el resultado de ser diferente per se; es el resultado de conocerse y conquistarse a uno mismo.

Con el fin de descubrir lo que nos hace únicos, más nos vale mirar dentro de nosotros mismos y encontrar lo que nos mueve internamente. No miremos hacia fuera ni nos aferremos a lo que otros celebran de nosotros. Si miramos hacia dentro, estaremos buscando nuestra autorrealización, felicidad y trascendencia, las únicas formas reales de ser únicos. Si miramos hacia fuera, sólo estaremos llamando la atención de los demás, lo que inevitablemente nos esclavizará a sus opiniones y destruirá nuestra originalidad.

Aquellos que se esclavizan a la opinión pública recurren, tarde o temprano, a la exageración y la excentricidad para seguir llamando la atención. Curiosamente, los medios de comunicación presentan esta alternativa como uno de los caminos más efectivos para el éxito. No obstante, debemos ver el otro lado de la moneda. Mientras la exageración y la excentricidad siempre tendrán audiencia, tales formas de expresión no conviven bien con la felicidad ni la autorrealización. Al contrario, conviven mejor con la ansiedad, la depresión, la inseguridad y un alma inquieta. Además, a menudo, conducen a la tragedia.

Si optamos por el camino de la exageración y la excentricidad, recordemos lo siguiente: Al principio, la gente nos prestará atención; luego, se acostumbrarán a nosotros; y, por último, los aburriremos. Cuando esto suceda, deberemos decidir qué tan lejos queremos llegar para mantenerlos interesados. La mejor opción será detenernos antes de hacernos daño.

Sin embargo, cuando la gente logra disfrutar de la atención pública después de esforzarse para obtenerla, les resulta muy difícil vivir sin ella. Esto, a su vez, suele llevarlos por un camino de sobreexposición, ridiculización y, a menudo, maltrato a sí mismos. Por ello, es crucial conocernos a nosotros mismos y aprender a valorarnos independientemente de las opiniones de otros. Así, podremos mantener los pies bien firmes sobre la tierra ya sea que recibamos atención positiva, atención negativa o indiferencia. Eso es ser verdaderamente únicos.

8

El conocimiento es el vínculo entre la creatividad y la innovación

Necesitamos conocimiento para aprovechar y dirigir nuestra energía creativa.

La creatividad tiene lugar en la mente y se alimenta desde el corazón. La creatividad es un proceso intelectual que exige combustible emocional. Una vez que nos inspiramos, la creatividad nos da acceso al mundo de las posibilidades, donde yacen las semillas del cambio, el progreso y la evolución.

Sin embargo, la creatividad por sí sola no tiene estructura. La propia naturaleza del proceso creativo no respeta las leyes de la realidad. Por lo tanto, a menos que combinemos la creatividad con alguna otra cosa, siempre producirá caos. La creatividad necesita de parámetros para poder transformar nuevas posibilidades en nuevas realidades. Tal complemento lo proporciona el conocimiento.

El conocimiento sí tiene una estructura que ofrece una aproximación al mundo real. Por ello, el conocimiento nos ayuda a cerrar las brechas en nuestras ideas y eliminar sus inconsistencias. De este modo, nuestras ideas pueden convertirse en nuevos productos, servicios o cualquier otra cosa que agregue valor. Así es como el conocimiento permite que la creatividad se traduzca en innovación y, luego, en éxito.

9

El conocimiento es sólo una aproximación a la realidad

Aquel que quiere ser exitoso debe poseer conocimiento, pero más importante aún, debe ser capaz de desafiarlo.

El conocimiento se utiliza para resolver problemas, estimular la innovación y promover el progreso. Por lo tanto, es fundamental para el éxito. Sin embargo, el conocimiento también puede ser utilizado para argumentar a favor de lo injustificable, abusar de otros y producir una ilusión de certeza para ocultar nuestra incapacidad de manejar la incertidumbre. En tales casos, el conocimiento se vuelve inútil; a veces, incluso, contraproducente. Se convierte, de hecho, en un burdo vehículo para expresar nuestra soberbia, ira y miedo.

No es de extrañar que la primera metáfora bíblica sobre la desdicha humana cuente la historia de cómo Adán y Eva perdieron el paraíso cuando tomaron el fruto del árbol del conocimiento. Por supuesto que no hay absolutamente nada de malo con el conocimiento. El problema es lo que les sucede a las personas cuando se aferran a él como si fuera una verdad absoluta. El conocimiento es una aproximación a la realidad, no la realidad misma. Es relativo, no absoluto. Lo que se consideraba conocimiento ayer se considera ignorancia hoy. Así ha sido siempre. Por lo tanto, cuando nos aferramos a nuestro conocimiento actual como si fuera una verdad absoluta, estamos sembrando las semillas de la ignorancia y el fracaso del mañana. En este sentido, el conocimiento, tal como lo muestra la historia de la humanidad, es una espada de doble filo. Todo depende de cómo lo usemos.

Si el conocimiento viene acompañado de humildad, valentía y una mente abierta, entonces se convertirá en el mejor aliado del éxito. Por el contrario, si el conocimiento viene acompañado de arrogancia, miedo y rigidez, entonces será utilizado para justificar el estancamiento e impedir el éxito.

10

El gozo es diferente del placer

Las almas gozosas experimentan el placer sin perderse en él. Las almas carentes de gozo, sin embargo, se hacen adictas al placer de maneras que sólo engendran sufrimiento.

A medida que experimentamos todo lo que la vida nos ofrece, asegurémonos de diferenciar entre el gozo y el placer. El gozo es lo que vivimos en toda situación cuando estamos en paz con nosotros mismos. Es el resultado de descubrir la divinidad de nuestra propia existencia; el regalo en cada aliento; y la bendición de poder procurar la autorrealización. Viene de adentro. El gozo es el verdadero don de la sabiduría. Si es necesario, el gozo coexistirá con el dolor para mantenernos fuertes y esperanzados.

El placer, por otro lado, viene del exterior. Es una experiencia sensorial que es agradable para el cuerpo, relajante para la mente y expansiva para el alma. Sin embargo, un alma vacía de gozo tiende a querer llenarse con placer. Puesto que este último siempre es temporal, el deseo de repetirlo una y otra vez puede fácilmente esclavizar a un alma vacía.

Como se puede ver, no hay nada malo con el placer en sí mismo. Pero, para un alma sin gozo, el placer puede ser el camino a la autodestrucción.

El exceso de comida provoca indigestión. El exceso de alcohol provoca embriaguez. Demasiado de cualquier cosa provoca saturación y enfermedad. Si sabemos cuándo detenernos, todo placer permanece como tal. No obstante, si nos dejamos llevar sin restricciones, todo placer conduce al sufrimiento y a la muerte.

La capacidad de construir una vida basada en el gozo en lugar del placer es clave para el éxito. Aquellos que experimentan gozo en todo lo que hacen, sin importar la conquista o pérdida de un objetivo específico, tienen más probabilidades de aprender tanto de la victoria como de la derrota. Por ello, también tienen más probabilidades de alcanzar el éxito que anhelan.

Por otro lado, las personas impulsadas principalmente por la búsqueda del placer tienden a perder el enfoque muy fácilmente. Se les suben los humos rápidamente con la victoria, pero se deprimen miserablemente con la derrota. Esto hace que su búsqueda del éxito sea muy errática y probablemente fallida. Al no poder manejar la volatilidad emocional que acarrea la desesperación por el placer, tienden a desarrollar el tipo de adicciones, obsesiones y compulsiones que sabotean todo aquello para lo que han trabajado tanto.

11

Todo equilibrio está destinado a ser temporal

El equilibrio definitivo lleva a la muerte. La vida es la busca incesante de períodos finitos de equilibrio.

El equilibrio definitivo lleva al estancamiento y la muerte. De hecho, los fundamentos de la biología exigen que siempre debe haber algún nivel de desequilibrio para que la vida se sostenga. Por ejemplo, para que una célula se mantenga viva, esta debe intercambiar fluidos (nutrientes y desperdicios) con su entorno. Esto significa que debe estar en desbalance y en busca de balance. Si la célula cesara de interactuar con su entorno por no requerir sustento ni excretar deshechos, podríamos concluir que la misma ha alcanzado un equilibrio definitivo, es decir, la muerte.

Así, al buscar el equilibrio en cualquier área (familia, negocios, etc.), debemos también estar abiertos a los desequilibrios inesperados. Así es cómo se revela lo desconocido, se posibilita el aprendizaje y ocurre la evolución.

Por ejemplo, el estímulo ideal para que las empresas inviertan en innovación y creación de valor económico, es el desequilibrio de mercado introducido por nuevos competidores. Si se elimina la competencia, el mercado tiende a detener la generación de valor económico.

No obstante, la biología también nos dice que, para que la vida sea viable, todos los desequilibrios deben ocurrir dentro de ciertos parámetros. Si una célula viva se desequilibra más allá de cierto punto, también morirá. Por ejemplo, la mayoría de los grupos celulares pueden tolerar fluctuaciones en los niveles de pH u oxígeno sólo dentro de un cierto rango. Fluctuaciones fuera de dicho rango matan las células. Ahí se ve con claridad que la biología tiene una tolerancia con respecto a las alteraciones que puede metabolizar. Esto se cumple en todos los ámbitos de la existencia humana.

Por ejemplo, la economía de libre mercado prospera siempre y cuando se les permita a todos los actores económicos asumir riesgos al introducir nuevos productos y servicios que puedan agregarle valor a los consumidores. Pero, cuando un actor económico acumula tanto poder como para influir directamente en la aprobación de nuevas leyes que le dificulten a futuros actores económicos ingresar al mercado, o le dificulten a los consumidores cambiar de proveedor, entonces la economía de libre mercado comienza a morir. En resumen, el capitalismo florece en el desequilibrio resultante de la competencia, pero comienza a fallecer en el desequilibrio producto de la corrupción.

En conclusión, así como debemos desarrollar inteligencia y flexibilidad para manejar los desequilibrios imprevistos, también debemos asegurarnos de preservar las condiciones mínimas para que nuestros anhelos sean posibles. Es decir, debemos evitar que los desequilibrios pongan en peligro a los principios básicos de la sociedad moderna. Entre ellos, la democracia, la declaración universal de los derechos humanos y muchos otros preceptos sociales y económicos que apoyan la máxima expresión de la condición humana.

12

La resolución de conflictos es una necesidad

Dado que todo equilibrio está destinado a ser temporal, la resolución de conflictos es una necesidad.

Al esforzamos por mantener el equilibrio en nuestras vidas, tendemos, de forma natural, a enfocarnos en los asuntos que nos causan más preocupación. Hacemos esto consciente o inconscientemente. Por ejemplo, si estamos atravesando dificultades financieras y, en consecuencia, queremos superarlas, tenderemos a enfocarnos en la búsqueda de fuentes de ingresos que nos permitan cubrir nuestras necesidades económicas presentes y futuras.

Sin embargo, dado que todos los aspectos de la vida están intrínsecamente interconectados (familia, negocios, comunidad, nación, etc.), mientras trabajamos para conseguir la tranquilidad financiera, ese decir, un nuevo equilibrio, es posible que, sin darnos cuenta, estemos afectando negativamente otra área de nuestras vidas. Por ejemplo, a medida que buscamos nuevas fuentes de ingreso y maneras de disminuir costos para equilibrar nuestras fianzas, es posible que consumamos tanta energía y tiempo en esta tarea que terminemos involuntariamente por descuidar a nuestra familia y amigos. En consecuencia, algún tipo de conflicto surgirá, tarde o temprano, ya sea dentro de nuestra propia familia o círculo social.

Los conflictos son un recordatorio de que todos somos diferentes y buscamos objetivos distintos. Mientras dichos objetivos no sean mutuamente excluyentes en cuanto al derecho que tenemos todos de ser libres y buscar la felicidad, los conflictos pueden, en teoría, resolverse. En cualquier caso, esto requiere de mucho trabajo, una mente abierta, la suspensión de prejuicios y negociaciones efectivas. Cuando esto se hace bien, fortalecemos nuestras comunidades, empresas y naciones.

De hecho, el éxito nos puede llegar de forma inesperada como resultado de resolver un conflicto cualquiera. Como bien es sabido, los puntos de vista divergentes sobre un mismo tema suelen originar conflictos. Pero también es cierto que, cuando estos se resuelven siguiendo las sugerencias anteriores, las diferencias iniciales pueden revelar un potencial de sinergia que estaba oculto. Por ello, la resolución de conflictos yace en el centro de muchos grandes avances en las relaciones personales, los negocios, las políticas públicas, las innovaciones científicas y todos los demás ámbitos de la vida humana.

13

Toda visión de futuro debe contener una cosmovisión

Toda visión de futuro debe replantear el pasado. De lo contrario, está condenada a repetirlo.

El éxito, sin duda, se inicia con una visión de futuro. Sin embargo, imaginar el futuro sin reformular el pasado es un ejercicio inútil. La historia tiene un peso específico que define el presente y, de no ser transformada, también definirá el porvenir[5].

El pasado es la fuente principal de nuestra cosmovisión, es decir, nuestras creencias más arraigadas sobre cómo opera la realidad. Y, dado que dichas creencias determinan lo que consideramos posible, también limitan lo que somos capaces de imaginar para el futuro. Por ello, si realmente queremos un porvenir que sea distinto a nuestra propia historia, debemos reinterpretar nuestras experiencias más significativas. Así podremos revisar nuestras creencias más profundas y transformar aquellas que no contribuyan a la construcción de la vida que queremos. De esta manera, nos estaremos reevaluando como personas, reconstruyendo nuestra cosmovisión y, así, diseñando una visión de futuro que no esté condicionada por nuestro pasado. De hecho, los principios presentados en este libro tienen como objetivo ayudarnos a lograr precisamente eso.

14

La gente es el espejo de la verdad

Cada pensamiento y emoción que tenemos está relacionado con otra persona. Siempre es así, directa o indirectamente. Por ello, la única forma de conocer nuestro ser interior es a través de nuestras relaciones.

Tratar de conquistarnos a nosotros mismos estando solos es como tratar de aprender a nadar sin echarnos al agua. Aunque practiquemos diariamente todos los estilos de natación en tierra firme, nunca conoceremos la imperiosa necesidad de mantenernos a flote y aguantar la respiración. Del mismo modo, aunque exploremos a solas todos los rincones de nuestra alma diariamente, nunca conoceremos el impacto de un insulto o un cumplido en nuestro ritmo cardíaco.

Estar verdaderamente en paz con uno mismo requiere mantener dicha paz en público. Una supuesta paz interior que se perturba fácilmente en compañía de otros sólo revela una gran agitación interna que ha estado temporalmente aplacada por la soledad.

Ya sea que nos sintamos calmados o inquietos, alegres o tristes, iluminados o confundidos, nuestras interacciones con otras personas siempre evocarán nuestra verdad interior. Tal vez podamos esconderla de ellos, pero nunca de nosotros mismos. Sólo reconociendo y abrazando nuestra verdad interior, tal como se revela a través de nuestras interacciones con los demás, es que podemos finalmente hacernos conscientes[6].

El éxito, en parte, es una función de cuánto permitimos que nuestras relaciones nos muestren nuestro verdadero ser interior. Todos necesitamos de dicho proceso para transformarnos en la persona que deseamos ser. Aquellos que se niegan a ver su verdad interior en sus relaciones con los demás pueden aparentar ser exitosos, pero, en realidad, se sienten incómodos con el mundo que les rodea. Es imposible disfrutar plenamente el éxito experimentando tal molestia. Sólo cuando aprendemos a dejar que los demás nos ayuden a descubrirnos diariamente es que se hace posible experimentar el éxito con plenitud.

15

La esperanza puede transformarse en el mejor disfraz del miedo

A medida que esperamos lo mejor, debemos trabajar por lo mejor.

Todos hemos escuchado las expresiones: "Nunca pierdas la esperanza" y "La esperanza es lo último que se pierde". Estas son declaraciones de gran alcance que pueden marcar una diferencia importante en tiempos de dificultades.

La esperanza es una pieza importante de la psique humana. Nos da la confianza necesaria para mantener una actitud positiva en medio de la adversidad. De esta manera, reducimos nuestros niveles de ansiedad, evitamos la desesperación y reunimos la fuerza necesaria para seguir luchando por lo que queremos, a pesar de obstáculos inimaginables.

Sin embargo, si la esperanza no se alimenta correctamente y no se utiliza de manera efectiva, se puede convertir en una simple espera entumecida. En otras palabras, la esperanza puede transformarse en un disfraz para la rendición y el miedo. Para que la esperanza sea verdaderamente útil en la consecución de nuestros objetivos, la misma debe venir acompañada de determinación, coraje y acción. De lo contrario, el miedo y el conformismo se filtrarán en nuestra alma, haciendo de la inacción el único resultado de la esperanza.

Las personas exitosas tienen un fuerte sentido de la esperanza. Pero, aún más importante, la utilizan como combustible para la acción; no como sedativo para justificar la inacción.

16

La perseverancia es la clave de la paciencia

Paciencia sin perseverancia es sólo rendición.

Lograr un objetivo valioso requiere tiempo. El tiempo es un componente intrínseco del éxito. En dicho proceso, sin embargo, la frustración muy probablemente se cruzará en nuestro camino mucho antes de que haya ninguna señal de éxito en el horizonte. Esperar es inevitable.

En cuento la espera se hace más larga, nuestro compromiso y entusiasmo son puestos a prueba. Comenzamos a preguntarnos si nuestro propósito realmente vale la pena y si somos capaces de lograrlo. Es ahí cuando tenemos que elegir entre rendirnos o continuar. Es ahí cuando en realidad nos enfrentamos a la elección entre la resignación y la paciencia.

La resignación nos hará abandonar nuestra búsqueda y negar nuestro propio ser. La paciencia, por el contrario, nos permitirá redescubrirnos a nosotros mismos una y otra vez hasta que el éxito sea inevitable. Esta es la razón por la que la paciencia y la perseverancia son absolutamente sinónimas. Aquel que espera y no persevera se ha rendido.

17

El autoconocimiento debe ser accionable

A medida que procuramos el autoconocimiento, asegurémonos de no perdernos en las profundidades de la reflexión.

La exploración de nuestro ser interior y el desarrollo del autoconocimiento son muy parecidos a una expedición subterránea. Es como entrar en un hueco hondo, oscuro y lleno de incógnitas, en búsqueda de una valiosa gema.

Imaginemos una excursión en la que nos disponemos a descubrir qué hay al fondo de un hoyo muy profundo y con poca visibilidad. Mientras más abajo descendamos, más tenue se hará la luz, por lo que la aventura será gradualmente más intimidante y peligrosa. Una fuente apropiada de luz será crítica para que la exploración tenga éxito. Si no podemos ver, entonces la expedición será inútil.

La pregunta entonces es: ¿cómo podemos iluminar nuestro trayecto? Pues podemos llevar una linterna, pero, tarde o temprano, las baterías se agotarán, por lo que tendremos que volver a la superficie para remplazarlas. También podemos llevar una fuente cableada de luz, pero el cable tendrá una longitud limitada y estará conectado a una fuente de alimentación situada en la superficie. En ambos casos descubriremos que no podemos explorar las profundidades del agujero sin mantener alguna conexión con el exterior. Si perdemos de vista este último, nos perderemos en el primero. Sólo sabiendo dónde está la superficie es que podemos ingresar en el agujero y luego salir para contarle a los demás lo que vimos.

El proceso de autodescubrimiento es muy similar a esta excursión hipotética. A medida que examinamos nuestro ser interior en la procura del autoconocimiento, nos conviene hacerlo con un pie firme en nuestra vida diaria. Debemos penetrar en nuestro inconsciente con un propósito claro y pragmático. Debemos tener claros qué aspectos de nuestra realidad queremos cambiar. El éxito es directamente proporcional a nuestra capacidad de explorar los rincones más profundos de nuestra alma para, después, aplicar nuestros hallazgos de manera práctica y disfrutable en nuestra cotidianidad.

18

La empatía es producto de la confianza en uno mismo

Si sabemos quiénes somos y qué queremos, seremos capaces de relacionarnos con los demás de manera más efectiva sin importar las afinidades personales.

La dinámica social es muy compleja. La gente interactúa de múltiples maneras engendrando afinidades y diferencias. Esto les da forma a nuestras relaciones, incluyendo la familia, la comunidad y la nación. Afortunadamente, hay una manera de expandir y fortalecer nuestra red social más allá de las afinidades y diferencias que podamos sentir hacia otros.

La simpatía, la antipatía y la empatía son las tres actitudes principales con las que nos relacionamos con los demás. La simpatía es lo que ocurre cuando nos sentimos identificados con lo que otra persona piensa, siente o hace, lo que, por lo general, se traduce en apoyo y afecto. La antipatía, por otra parte, es lo que sucede cuando rechazamos lo que otra persona piensa, siente o hace, lo que, por lo general, se traduce en crítica y separación. Curiosamente, la empatía nos permite elevarnos por encima de la simpatía y la antipatía. Nos da la capacidad de elegir nuestras respuestas, independientemente de si, al principio, sentimos simpatía o antipatía hacia otra persona.

Es de suma importancia señalar que la verdadera empatía no se refiere a ser artificial, poner una cara de póquer y manipular a los demás. La empatía se trata de tener la suficiente confianza en uno mismo como para ser capaz de validar y apoyar las motivaciones de otras personas, por muy diferentes que sean de las nuestras, siempre y cuando no colidan con nuestro código de ética. De hecho, en casos de extremo aprendizaje, la empatía nos puede llevar a modificar nuestro código de ética como resultado de descubrir y reconocer derechos legítimos de otras personas con quienes tenemos poco en común.

Cuando somos empáticos, ayudamos a los demás a encontrar lo mejor en sí mismos al tiempo que hacemos lo propio con nosotros. Es por ello que la empatía nos permite aprovechar sinergias que, de lo contrario, serían imposibles. La empatía es, de hecho, una de las habilidades interpersonales más valiosas y, por lo tanto, una clave para el éxito.

19

La culpa, por sí sola, no engendra virtud alguna

Aquel que se siente responsable busca soluciones. Aquel que se siente culpable, sin embargo, se siente indigno y merecedor de castigo, todo lo cual nubla su juicio para encontrar soluciones.

La culpa, por sí sola, nos hace sentir tensos, temerosos e indignos. Y, desde ese espacio emocional, puede llevarnos hacia la irresponsabilidad o la responsabilidad, dependiendo de cómo la manejemos.

Cuando la culpa nos conduce por el camino de la irresponsabilidad, lo hace de una de dos maneras. Por un lado, la culpa puede derivar en la autoflagelación originada por profundos sentimientos de vergüenza e indignidad. Por el otro, puede llevarnos a imputar a personas inocentes de forma descarada con el fin de evadir la vergüenza pública y el potencial castigo. En ninguno de los dos casos estaríamos dando la cara públicamente por nuestras acciones ni experimentando aprendizaje alguno. Es decir, no estaríamos siendo responsables.

No obstante, la culpa también puede conducirnos por

el camino de la responsabilidad si decidimos trascender la vergüenza y el miedo a la misma. En este caso, ya no sentiríamos la necesidad ni de autoflagelarnos ni de proyectar nuestra culpa en otros. Así, estaríamos en condiciones de enfrentar públicamente las consecuencias de nuestras acciones. Si estas son negativas, la responsabilidad nos permitirá disculparnos, resarcir a los afectados y aprender de nuestros errores. Igualmente, la responsabilidad nos animará a compartir nuestros aprendizajes con los demás para que ellos, también, puedan beneficiarse.

El éxito es directamente proporcional a nuestro nivel de responsabilidad e inversamente proporcional al de culpa. Cuando cometemos errores que afectan a otros negativamente, debemos trabajar internamente para hacernos responsables en lugar de sólo sentirnos culpables. La responsabilidad es expansiva, mientras que la culpa es restrictiva. La responsabilidad nos permite aprender tanto de nuestros errores como de nuestros logros, de manera que podamos seguir mejorando hasta que el éxito sea inevitable. Por el contrario, la culpa, al nublar nuestro juicio, hará del aprendizaje algo casi imposible. Ya sea que nos lleve por el camino de la autoflagelación o de la evasión descarada, la culpa hará del éxito un resultado poco probable.

20

La democracia es una conquista diaria

La tiranía debe ser derrotada todos los días.

Toda democracia ha sido precedida por alguna forma de gobierno totalitario, ya sea monarquía, dictadura o colonialismo extranjero. Por lo tanto, la democracia siempre ha sido el resultado de una lucha, una batalla o una guerra. Una vez conquistada, la democracia prevalece sólo si sus ciudadanos se involucran activamente en su mantenimiento.

Inevitablemente, las fuerzas de la tiranía siempre están al acecho en los rincones más oscuros de toda sociedad democrática; y la atacan por su punto más débil: la desigualdad económica extrema. La democracia se hace excepcionalmente débil cuando, a pesar de su promesa de garantizar el derecho a la vida, la libertad y la búsqueda de la felicidad, la pobreza se hace generalizada, una buena educación se hace casi imposible para la mayoría y la riqueza se concentra en muy pocas manos. Los tiranos conocen esta verdad y se aprovechan de ella.

Mientras los tiranos del pasado solían llegar al poder

por la vía de las armas, los de hoy suelen hacerlo por la vía electoral. Su recurso más valioso es la desesperanza de los más desfavorecidos y descontentos; su promesa es alguna forma de reivindicación social; y su estrategia para ganar el favor popular es el engaño.

Una vez en el poder, sin embargo, los tiranos siempre sustituyen su promesa inicial por venganza en contra de todo aquel que se atreva a disentir. Adicionalmente, institucionalizan el miedo con el objetivo de erradicar cualquier rastro de esperanza. Finalmente, luego de secuestrar la democracia, los tiranos se aseguran de que sea prácticamente imposible recuperarla por la vía electoral. De nuevo, será necesaria una lucha, una batalla o incluso una guerra para recuperarla.

La democracia es el arte y la ciencia de vivir en libertad mientras respetamos la libertad de los demás. Dicho de otra forma, la democracia es la única forma de gobierno que promueve el orden al tiempo que se respetan las libertades individuales. En este sentido, sólo en democracia es el éxito una aspiración creíble para todos. En tiranía, por el contrario, la posibilidad de éxito se desvanece para todo aquel que no se somete al régimen. Por ello, si deseamos conquistar el éxito en libertad, debemos hacer cuanto esté a nuestro alcance para mantener viva la democracia y erradicar su peor enemigo, la desigualdad económica extrema.

21

Las naciones requieren de principios para prevalecer

Los gobiernos, las empresas y los consumidores no deben dejar que la ley de la oferta y la demanda sustituya los principios democráticos. Cuando lo hacen, el resultado siempre es alguna forma de tiranía.

De manera repetida y a menudo dolorosa, las naciones del mundo han aprendido las siguientes cuatro lecciones a lo largo de la historia:

1. Cuando los gobiernos y las empresas se alían de manera incondicional, los consumidores son abusados y se hace inevitable una recesión. De la misma manera, cuando los gobiernos y los consumidores se alían de manera incondicional, las empresas son abusadas y se hace inevitable una recesión. El primero es el camino de la extrema derecha; el segundo es el camino de la extrema izquierda. Es hora de que los pueblos del mundo no se dejen seducir por ninguno.
2. Por diseño, en una economía sana, las personas y las empresas apalancan sus operaciones utilizando a los bancos como intermediarios financieros.

Cuando este orden se invierte, es decir, cuando los bancos utilizan a las personas y a las empresas como intermediarios financieros mediante formas cuestionables de préstamo y cobranza, el resultado es siempre una catástrofe económica.

3. El peor enemigo de la democracia y el libre mercado es la pobreza generalizada, la cual, a su vez, es el mejor caldo de cultivo para todas las formas de tiranía. En este sentido, los gobiernos democráticos deben hacer todo lo posible para ayudar a la recuperación económica de aquellos que se han quedado atrás como resultado de las imperfecciones del libre mercado. Deben hacerlo a través de la educación y la estimulación de inversiones enfocadas en la generación de empleo y el crecimiento económico.

4. La democracia es el arte y la ciencia de vivir en libertad mientras respetamos la libertad de los demás. Esta afirmación hace que el conflicto sea inevitable y la resolución de los mismos sea una necesidad. Por lo tanto, las formas más elevadas de justicia y paz disponibles para los pueblos del mundo dependen de los niveles de conciencia individual y colectiva que sean capaces de alcanzar.

Las naciones que valoran estas lecciones e implementan políticas basadas en ellas ven a sus pueblos prosperar y tener éxito. Por el contrario, las naciones que ignoran estas lecciones ven a sus pueblos sufrir de maneras inimaginables.

Bibliografía

[1] Harper, D. (2012). Online Etymology Dictionary. URL: http://www.etymonline.com/index.php?term=opportunity&allowed_in_frame=0

[2] Romero, Luis E. (2013). Blog post *"Tú Eres la Oportunidad que Estabas Esperando"*. URL: http://leromero-esp.com/blog/2013/7/31/oportunidad

[3] Romero, Luis E. (2013). *La Séptima Distinción: El Camino hacia la Maestría Personal, el Liderazgo y el Máximo Desempeño*. Miami, FL: Luis Romero International, Página 94.

[4] Ibíd., Página 88.

[5] Ibíd., Página 71.

[6] Ibíd., Página 90.

www.ingramcontent.com/pod-product-compliance
Lightning Source LLC
LaVergne TN
LVHW051204080426
835508LV00021B/2792